QUELQUES OBSERVATIONS

En réponse au message du Directoire Exécutif (1), sur l'assemblée électorale du département des Bouches-du-Rhône.

L'Assemblée électorale du département des Bouches du Rhône a triomphé du machiavélisme, et neutralisé l'intrigue par la seule force de la bonne foi et des principes. Il n'y a plus de doute à cet égard.

Les scissionnaires eux-mêmes, que les meneurs, chargés de préparer un déchirement par la plus mensongère des *protestations*, parvinrent à s'adjoindre en les égarant, les scissionnaires, ai-je dit, ne tardèrent pas à se reprocher intérieurement

(1) Ce Message ayant été distribué avant-hier au nouveau Corps Législatif, on croit remplir un devoir en publiant les Observations qu'on va lire.

la faute qu'on leur avait fait commettre ; et si une fausse honte ne les eût retenus, ils ne se fussent pas bornés à reconnaître, en gémissant, une si funeste erreur, ils en eussent voulu promptement effacer le scandale et réparer les suites, par un désaveu solennel au sein même de l'assemblée qui, touchée de leur honorable repentir, leur eût de nouveau ouvert son sein, et les eût accueillis sans reproche.

Malheureusement, c'est une chose rare encore parmi nous que ce genre de courage qui sait revenir hautement sur une fausse démarche, lors sur-tout qu'elle a eu une grande publicité, et qu'elle nous a liés à de puissans complices.

Cette fausse démarche fut donc suivie par des hommes faibles qui ne s'en dissimulaient ni la honte ni les tristes et pernicieux résultats ; elle fut soutenue en dépit des principes et des vœux secrets de ceux qu'on y avait entraînés ; et ces membres, séparés à regret d'un tout hors duquel ils ne pouvaient rien être, formèrent ce que dans le dictionnaire de la contre-révolution et

le plus raffiné langage de l'anarchie réac-
tionnaire, on a tant honoré sous le nom
de *scission*. Tout le reste est connu.

On sait assez, et nul ne le veut contes-
ter, que la scission particulière et très-
remarquable dont il s'agit ici fut opérée,
sans motif légitime comme sans prétexte
soutenable, par de véritables valets, d'une
espèce déjà très-perfectionnée, quoique
toute nouvelle, et par conséquent bien dé-
hontés, et qui, n'ayant mis aucune pudeur
dans leurs intrigues, ne doivent mettre
aujourd'hui aucune retenue dans leur mensonges.

On sait aussi que les infortunés trans-
fuges, séduits par ces embaucheurs, s'ils
eurent l'aveuglement d'adhérer à un acte
protestatif dont ils ne connaissaient pas la
teneur, conservèrent au moins quelque
raison au sein de tant de folie, ne vou-
lurent pas tirer gloire de leurs écarts, y
mettre de l'éclat quand ils en étaient confus,
et sentirent que ce serait déjà trop pour
eux de ne pas venir occuper leur poste
constitutionnel, sans y ajouter encore l'as-
surance de notifier à l'assemblée électorale

leur acte de désertion , d'où il résulta que
cet acte fut au fonds ignoré d'elle, et que
la rumeur publique l'instruisit seule de
l'existence d'une scission.

On sait enfin que toutes les opérations
de cette assemblée électorale ainsi dé-
sertée , n'en ont pas moins été régulières
jusqu'au scrupule , et que tous ceux qui
ont pris la peine de lire ses procès-verbaux
les ont jugés inattaquables.

Le Directoire Exécutif, dans son message du 22 floréal , n'a donc pas eu l'intention de détruire ou d'infirmer aucune
de ces vérités qui , j'ose le dire , ont dû
être constantes pour lui , avant même
qu'elles ne pussent l'être pour nous.

Seulement , et sur la foi de quelques
pièces informes ou méprisables qu'il n'a
pas cru devoir prendre la peine d'appré-
cier , parce qu'il ne tombait pas à sa charge
de porter en ceci une décision , il semble-
rait avoir appréhendé que l'assemblée
électorale , dont il respecte sans doute le
caractère constitutionnel et la pureté bien
reconnue , n'ait pu cependant éprouver
le malheur d'admettre , sans le vouloir ,

au nombre des membres *vérifiés par elle*, des individus que son religieux respect pour les lois lui eût commandé de rejétter, si elle eût été mise en position de les connaître; voilà du moins ce que le message, raisonnablement expliqué, paraîtrait insinuer ou laisser entendre.

Les citoyens, qu'à ce titre il aurait cru devoir désigner comme entrés dans le corps électoral des Bouches du Rhône à l'insçu de celui-ci, seraient : 1°. *des réquisitionnaires ne justifiant pas de leur exemption* ; 2°. *des* HOMMES *manquant du revenu exigé par l'article XXXV de l'acte constitutionnel;* 3°. de prétendus *électeurs* envoyés par des *scissions* d'assemblées primaires, siégeants et votants à côté de véritables *électeurs nommés par ces assemblées mêmes.*

Heureusement , ce ne sont là que des insinuations qu'un Directoire Exécutif moins occupé n'aurait peut-être dû ni recevoir ni se permettre d'accréditer. On ne les lui reprochera pas trop sévèrement ; d'abord , parce qu'il est excessivement occupé ainsi que je viens de le dire ; ensuite, parce qu'il est fort mal circonvenu, comme chacun le sait ; et enfin parce que, tout jaloux qu'il puisse être de ne *transmettre au corps législatif que des renseignements exacts*, il ne paraît pas qu'il ait encore pris sur lui de se méfier des imposteurs nombreux qui captent sa confiance en servant ses préventions.

Quoiqu'il en soit, ces insinuations prennent leur source dans une foule de missives sollicitées par la police et menteuses comme ses mouchards et leurs rapports qu'on a du moins eu la pudeur de ne pas imprimer ; elles prennent encore leur source dans quelques autres chiffons non moins méprisables, qu'on a eu la maladresse de publier. On sent assez que les reproches qu'on pourrait entreprendre de baser sur tout cela n'auraient aucun fondement ; et en effet, chacun avoue aujourd'hui que les efforts déjà hasardés dans la vue de leur donner quelque apparence de solidité sont demeurés entièrement vains. Disons en cependant un mot, ne fut-ce que pour montrer au Directoire Exécutif combien était ici facile à reconnaître la perfidie de *ses fidèles agens* qui , s'il n'y prend garde , finiront par le perdre en le séparant du peuple.

Il est d'abord extrêmement remarquable , quant au premier des trois prétextes de reproches indiqués par le message , je veux dire celui qui porterait sur la prétendue admission , dans l'assemblée électorale , *de réquisionnaires ne justifiant pas de leur exemption* , il est remarquable, dis-je , qu'à l'exception de ces quatre mots sur une chose si grave , on ne découvre rien , soit dans les pièces nouvellement fournies , soit ailleurs , qui puisse y avoir trait, ni la rappeller en aucune manière, ni même laisser entrevoir le dessein de s'y arrêter, ou d'y revenir. On s'est contenté de jetter ces paroles , au hazard et comme pour faire nombre , dans une accusation qui ne se compose que de paroles perdues, et de suppositions gratuites.

Relativement au second de ces trois prétextes, qui n'est, ainsi que le précédent, qu'une assertion sans bonne foi , bien qu'elle soit un peu plus spécieuse , je veux dire celui par lequel transformant tout-à-coup le corps législatif en tribunal civil ou chambre de commerce, on voudrait, à deux cents lieues de distance et en l'absence des parties, élever des chicanes sur le bilan de quelques électeurs, il est encore extrêmement remarquable que l'on ose offrir pour tous garants, à ceux qui pourraient être tentés de les croire valables et de les recevoir en preuves, leur offrir dis-je deux tableaux imprimés, qui, s'entre détruisant l'un l'autre par une multitude d econtradictions respectives et graves, renferment d'ailleurs chacun à part, des faux très-saillans et bien constatés, deux tableaux enfin qui, lors même qu'on se fût donné la peine de les rendre un peu moins inexacts et moins discordans entr'eux, n'en auraient pas mieux prouvé pour cela ce qu'on avait tant desiré qu'ils eussent au moins l'air de prouver ; personne en effet n'ignore que ce que l'on ne paie pas dans tel département, tel canton, ou telle commune dans laquelle on est domicilié, on peut fort bien le payer dans un autre canton, dans un autre département ; l'un

de ces tableaux, au surplus, n'es certifié
que par le commissaire directorial Micoulin, instigateur officiel et provocateur en
titre de la scission, dont il ne se déter-
mina à se constituer l'un des auteurs les
mieux avérés, qu'à la condition implici-
ment exprimée d'en recueillir les suffrages,
et qui voulut ensuite, mais en vain,
scissionner la scission même, aussitôt
qu'il s'apperçut, un peu tard à la vérité,
qu'on s'était joué de lui. Le second de
ces tableaux est certifié par le commissaire central Mauche, rival heureux de
Micoulin, et député de la scission, lequel,
après s'être aidé de son confrère pour la
produire et se faire nommer par elle,
n'eut garde de souffrir qu'on lui donnât
un tel collègue de députation, estimant
qu'il y aurait pour lui plus de profit, et
se persuadant aussi qu'il lui serait plus
honorable de s'en faire assigner un dans
le Directoire Exécutif même, dont le cré-
dit et le nom pussent couvrir en partie
le vice d'une nomination si radicalement
nulle. Il serait bien étrange que de pareils
tableaux, que ces pièces mendiées,

inexactes, contradictoires, n on vérifiées, qui même ne peuvent pas l'être, puisque les juges et les parties n'ont ni le temps ni les moyens de les débattre, qui sont d'ailleurs offertes par des mains très-justement suspectes, et ne pourraient, dans aucun cas, être regardées comme définitivement probantes; il serait bien étrange, je le répète, qu'elles acquissent tout-à-coup, et dans cette seule discussion, le privilège inoui de balancer aux yeux du corps législatif des procès-verbaux aussi réguliers qu'authentiques, contre lesquels on ne peut élever aucune légitime réclamation ; il est donc sensible que ce second prétexte n'a pas plus de fondement, que le premier, et décèle toujours l'impuissance où l'on est de trouver de véritables motifs.

Le troisième et dernier prétexte de reproche a quelque chose de plus étonnant encore ; je ne sais s'il eût été possible d'en imaginer un plus bisarre. Il est même tel, que je ne puis concevoir dans quelle vue les meneurs ont pu se résoudre à en amuser le public et en vouloir entretenir le

(11)

directoire et le corps législatif, à moins,
cependant, qu'il ne fallut supposer, ainsi
que le commissaire central Mauche sem-
blerait l'avoir assez naïvement révélé,
que, dans l'honorable mission de scissionner l'assemblée électorale des Bouches du Rhône, on s'était moins proposé
d'opposer élections à élections, que de
mettre, ainsi qu'il le dit, *le corps législatif à même de* CASSER TOUTES CES ELEC-
TIONS. En effet, le reproche que je dis-
cute n'est applicable qu'à la scission ; de
telle sorte que dans le message où l'on
voudrait le diriger contre l'assemblée électorale, il n'est pas seulement un men-
songe, il est de plus une imputation ren-
versée. L'illégalité positive qui y donne
lieu, ce n'est pas, on le sait très-bien,
l'assemblée électorale qui s'en est rendue
coupable ; on sait aussi que cette illégalité
est une de celles au contraire qui ont servi
à constituer la scission. C'est la scission,
et la scission seule qui, fidèlle en cela à
ses propres convenances, s'est recrutée
et grossie des prétendus électeurs envoyés
par les scissions qu'on avait pris soin d'or-

ganiser dans les cantons de *Marignane*,
de *Graveson* et d'*Istres*. Quant au canton
de *Lepuy*, cette quatrième désignation
est une pure méprise. Il n'y avait pas eu
là de scission, ni conséquemment de dou-
bles électeurs.

Voilà tout ce qu'on croit nécessaire ou
convenable de relever dans ces nouvelles
pièces dont on avait fait si grand bruit,
et dont l'apport tout au moins insolite,
avait paru mériter l'envoi de deux cour-
riers extraordinaires secrètement expédiés
de Paris, coup sur coup, pour les aller solli-
citer ou recevoir sur les lieux mêmes,
sans que les ci-devant électeurs, qui certes
avaient le droit et l'intérêt d'y être appelés
pour les examiner, les débattre, y en opposer d'autres, aient eu même le plus léger
indice de ce qui se tramait contre eux.

Ce serait vouloir embrouiller bien mal
à propos une affaire qui n'a plus même
aucun besoin d'être éclaircie, que de dis-
cuter ici la très-plaisante lettre du commissaire central Mauche, au ministre de
l'intérieur, en date du 3 floréal, époque
avant laquelle, y est-il dit, cet *agent in-*

fidèle du gouvernement n'avait pas même encore *jetté un coup-d'œil sur les procès-verbaux de l'assemblée électorale* dont il parle avec la plus inexcusable légéreté. Cette lettre véritablement rare , offre en plus d'un genre des aveux si naïfs , elle se compose de raisonnemens si gais , de protestations si réjouissantes , de supputations tellement folles , qu'on ne peut y voir qu'un badinage confidentiel ; je n'aurai donc pas l'indiscrétion de la prendre au sérieux.

On se donnera bien de garde sur-tout d'honorer de la moindre réfutation , les insolentes et calomnieuses diatribes du scissionnaire Micoulin qui écrit comme un valet de police , ou ces misérables *notes addionnelles* que personne ne voudrait avouer , et dont la perpétuelle imposture saute aux yeux.

On n'en est pas à s'appercevoir que tous les moyens de la basse intrigue , que toutes les espèces de menteurs et de mensonges sont mis en jeu par un parti désespéré.

On est résolu à n'y opposer jamais que cette naturelle sécurité qui naît de

(14)

la conviction de son droit et de la confiance au corps législatif chargé de le reconnaître.

On est bien convaincu qu'il est passé sans retour ce moment de vertige et de faiblesse, où des hommes, que l'on ne veut que plaindre, foulant aux pieds tout ce qu'il faut éternellement respecter sous peine de retomber dans le plus ignominieux asservissement, sollicitaient en quelque sorte carte blanche pour le pouvoir et soumission aveugle à ses caprices.

Nos législateurs veulent décidément le triomphe des principes et le règne des loix. Ils savent que cela seul est légitime. Et de quelques sophismes, de quelques prétextes qu'on voulût couvrir la volonté de violer la contistution de l'an 3, ils n'y verraient qu'une intention perverse qu'ils doivent déjouer, un entêtement séditieux qu'il faut enfin contenir ou décourager, en le réprimant.

Paris, 11 Prairial, an 7.